A PAZ DE ESPÍRITO AO SEU ALCANCE

Carlos Afonso Schmitt

A PAZ DE ESPÍRITO AO SEU ALCANCE

VIVENDO SAUDÁVEL EM MEIO AO ESTRESSE DIÁRIO

Dados Internacionais de Catalogação na Publicação (CIP)
(Câmara Brasileira do Livro, SP, Brasil)

Schmitt, Carlos Afonso
A paz de espírito ao seu alcance : vivendo saudável em meio ao estresse diário / Carlos Afonso Schmitt. – São Paulo : Paulinas, 2019. – (Coleção céu na terra)

ISBN 978-85-356-4523-1

1. Autoestima - Aspectos religiosos 2. Conduta de vida 3. Deus 4. Fé 5. Felicidade - Aspectos religiosos 6. Paz de espírito - Aspectos religiosos I. Título. II. Série.

19-26516   CDD-248.482

Índice para catálogo sistemático:

1. Paz de espírito : Aspectos religiosos : Cristianismo   248.482

Cibele Maria Dias - Bibliotecária - CRB-8/9427

1ª edição – 2019

Direção-geral:	*Flávia Reginatto*
Editora responsável:	*Andréia Schweitzer*
Copidesque:	*Monica Elaine G.S. da Costa*
Coordenação de revisão:	*Marina Mendonça*
Revisão:	*Sandra Sinzato*
Gerente de produção:	*Felício Calegaro Neto*
Projeto gráfico:	*Manuel Rebelato Miramontes*
Diagramação:	*Jéssica Diniz Souza*

Nenhuma parte desta obra poderá ser reproduzida ou transmitida por qualquer forma e/ou quaisquer meios (eletrônico ou mecânico, incluindo fotocópia e gravação) ou arquivada em qualquer sistema ou banco de dados sem permissão escrita da Editora. Direitos reservados.

Paulinas

Rua Dona Inácia Uchoa, 62
04110-020 – São Paulo – SP (Brasil)
Tel.: (11) 2125-3500
http://www.paulinas.com.br – editora@paulinas.com.br
Telemarketing e SAC: 0800-7010081

© Pia Sociedade Filhas de São Paulo – São Paulo, 2019

"Eu vos deixo a paz, eu vos dou a minha paz.
Não a dou como o mundo a dá.
Não se agite vosso coração, nem se desanime."

(Jo 14,27)

Sumário

Apresentação 9

PARTE I
EM PAZ CONSIGO MESMO

Capítulo 1. Você é filho de Deus 13

Capítulo 2. Cultivar a autoestima 17

Capítulo 3. Ativar a mente 21

Capítulo 4. Cuidar do corpo 25

Capítulo 5. A fé que impulsiona 29

Capítulo 6. Saber parar 33

Capítulo 7. A importância do perdão 37

Capítulo 8. Levantar-se sempre, de novo 41

Capítulo 9. Aprender a ser feliz 45

Capítulo 10. Manter o alto-astral 49

PARTE 2
DE BEM COM A VIDA

Capítulo 11. Objetivos e projetos de vida............. 55

Capítulo 12. Resiliência nas dificuldades 59

Capítulo 13. Escolhas difíceis............................. 63

Capítulo 14. Casado e com filhos 67

Capítulo 15. A paz também é social 71

Capítulo 16. Um hobby faz bem.......................... 75

Capítulo 17. Dialogar com a vida 79

PARTE 3
EM PAZ COM DEUS

Capítulo 18. Sentir-se amado por Deus............... 85

Capítulo 19. A proteção que vem do Alto............ 89

Capítulo 20. Evitar o temor exagerado 93

Capítulo 21. Cultivar a paz ecológica 97

Capítulo 22. Felizes por sermos cocriadores...... 101

Capítulo 23. Parar, silenciar, orar, meditar......... 105

Capítulo 24. Em paz para o retorno 109

Apresentação

Em meio ao corre-corre da vida, ao estresse diário, ao desgaste progressivo, "o guerreiro de Deus" merece um pouco de paz. Ninguém consegue seguir sempre em frente. É preciso permitir-se o direito de parar, de sossegar a mente e descansar o corpo, de refazer as forças.

O próprio Jesus assim o fazia. Sua trajetória pública não foi nada fácil. Caminhadas exaustivas, pregações constantes... Tudo exigia dele dedicação total. E seu corpo cansava e sua mente se afligia com as necessidades do povo.

O Mestre, então, retirava-se para orar e descansar. E a seus discípulos pedia o mesmo. Refeitos, retornavam ao trabalho: à missão de instaurar um novo Reino. Reino que a nós, seus seguidores, cabe continuar instaurando.

Às vezes, porém, a saúde é precária, o ânimo é pouco e a vontade está enfraquecida. Falta-nos disposição, alegria de viver, paz interior. Vivemos conturbados num mundo mais conturbado ainda.

Paz de espírito em meio às tempestades: como consegui-la? Onde encontrá-la? Para muitos, ela é bênção divina. Graciosamente, Deus a daria a quem desejasse. Outros a consideram uma conquista diária a ser alcançada com dedicação e perseverança.

Se você está entre os que pensam que é preciso conquistar a paz, convido-o a seguir alguns passos que podem levá-lo à tão sonhada paz de espírito.

Veja, a seguir, algumas sugestões e tenha sucesso em aplicá-las. Deus o ilumine!

- Em paz consigo mesmo.
- De bem com a vida.
- Em paz com Deus.

Prossiga em sua busca. E boa sorte!

PARTE I
EM PAZ CONSIGO MESMO

CAPÍTULO 1

Você é filho de Deus

O simples fato de pensar em nossa origem divina deveria encher-nos de alegria. Entender o que isso realmente significa, a que patamar esse fato nos eleva em meio ao maravilhoso universo que Deus criou, é mais do que suficiente para encher nosso peito de um santo orgulho. Nosso coração se emociona e pulsa vibrantemente, sabendo que tem Deus por Pai e o infinito por herança.

Nossa filiação biológica e familiar talvez nos traga menos motivos de satisfação pessoal. Saber-se, no entanto, "filho de Deus", não importando quais sejam nossos pais de sangue, é extremamente gratificante.

Se, além de humana – para realizar aqui um projeto de vida –, nossa origem é divina, também é divino o destino que nos aguarda. Fomos criados imortais para com Deus partilhar, eternidade afora, uma felicidade jamais descritível com a pobreza e pequenez de nossas palavras. Felicidade imensurável, incapaz de ser medida pelo alcance de nossa compreensão terrena.

Meditando sobre tão grande e maravilhosa herança, como não haveria de vibrar nossa alma e saborear uma gostosa paz, mesmo em meio aos percalços e adversidades da vida?

Paz de espírito não é necessariamente quietude ou ausência de problemas. É, sim, um equilíbrio emocional que nos deixa seguros e confiantes, sabendo que Deus provê nossas necessidades antes mesmo que o peçamos (Mt 6,8b). Está ao nosso alcance experimentarmos a paz de espírito que tanto almejamos! Depende unicamente das atitudes que adotarmos como filhos de Deus, numa visão mais ampla e profunda que supere em muito nossas limitações humanas.

"Filhos de Deus"... Não soa aos nossos ouvidos como jubilosa revelação, com direito ao toque de trombetas por parte dos anjos? Com certeza, sim! É fantástico, simplesmente inimaginável!

"Filhos de Deus"... Revelação que vai além de nossa imperfeita capacidade de compreensão, de vislumbrarmos um pouco o mistério que São João nos revelou em suas cartas: "Considerai com que amor nos amou o Pai, para que sejamos chamados filhos de Deus. E nós o somos de fato" (1Jo 3,1).

"Filhos de Deus"... Predestinados em seu eterno amor, elevados à condição de filhos sem mérito nosso, unicamente por graça e escolha do Pai.

Como não ser feliz pensando nisso? Como não vibrar de esperança, aguardando a realização das promessas divinas a nosso respeito? Paro um instante e reflito: tudo isso preenche meu coração de paz. Minha mente se envolve nessa mesma sensação de bem-estar divino que me faz usufruir da tão sonhada paz de espírito que sinceramente almejo.

Caso não a tenha ainda experimentado, você pode usufruí-la também. Seja possuidor dessa joia rara, preciosa e inegociável. Ser "filho de Deus" é a melhor notícia do mundo. É a verdadeira "sorte grande"...

CAPÍTULO 2

Cultivar a autoestima

A grandeza do ser humano reside primeiramente em sua origem divina. Sabendo-se filho de Deus – e aceitando-se como tal –, nossa autoimagem cria contornos totalmente novos. Vemo-nos não como pobres e insignificantes mortais, mas como herdeiros de um reino de abundância e felicidade jamais imaginado pela mente humana. Somos um espírito imortal, revestido temporariamente de um corpo perecível, de passagem pelo planeta Terra, aguardando o grande retorno que, mais dia, menos dia, acontecerá.

Tudo isso, amigo leitor, é de uma grandeza e profundidade difíceis de entender. Dotado de dons especiais, só você carrega em seu coração as ânsias de infinito que o distinguem de todos os outros seres.

"Façamos o homem a nossa imagem e semelhança" (Gn 1,26). Eis o grande distintivo, a grande dádiva com que Deus nos presenteou! Logo a seguir, no mesmo livro sagrado, Deus coloca em igualdade de condições o homem e a mulher, quando diz que os criou à sua imagem, "homem e mulher" (Gn 1,27). Diante disso, qualquer discriminação de gênero é totalmente descabida. Nada acrescenta o fato de ser homem; em nada diminui ser mulher.

Somos iguais perante Deus e assim deveríamos sentir-nos. Todo e qualquer preconceito é proveniente de falsas concepções, de um machismo prepotente que, ao longo da história, via a mulher como inferior ao homem.

Aos poucos, felizmente, a igualdade de direitos e deveres está sendo instaurada. Em muitos países, há um longo caminho a ser percorrido, muito ainda a ser conquistado. De esperança em esperança, chegaremos lá!

Como você vê a si mesmo, que imagem cultiva de sua pessoa? Gosta do que contempla no espelho? Aceita seu corpo e é capaz de admirá-lo, cuidando com amor dessa dádiva que o Criador lhe deu? Alguns vivem insatisfeitos, reclamando da própria aparência, colocando inúmeros defeitos no próprio corpo, incapazes de amar-se de maneira alegre e espontânea.

Sua paz de espírito passa pela aceitação de si, pelo que você sente ao olhar-se no espelho, pelo amor que tem por essa criatura através da qual sua alma se expressa nesta vida. Mulher ou homem, você é único aos olhos de Deus, incomparável e insubstituível na missão que lhe cabe em sua passagem pela Terra.

Autoestima é valor que você mesmo se confere, é distinção com que você agracia sua própria pessoa. É admiração, respeito, cuidado pela criatura que você é. Mais do que ninguém, você merece receber seu próprio afeto, um carinho todo especial dessa filha ou filho de Deus.

Sua paz interior, agradecida, rejubila-se por atitudes respeitosas assim. E Deus, certamente, também se alegra com você.

Desde sempre, seu coração conhece o caminho da felicidade. É dentro de você que ela mora. Em seu íntimo ela se esconde. Buscá-la, diária e incessantemente: eis o segredo!

CAPÍTULO 3

Ativar a mente

Sua paz de espírito passa necessariamente pelos cuidados com a mente. Pensamentos, sentimentos e emoções são os grandes estimuladores de sua vida mental. Tanto podem mantê-la equilibrada como em total descontrole; tanto podem aquietá-la como enchê-la de angústias e preocupações desnecessárias. Ela é o centro de ativação das funções cerebrais, criadoras da química correspondente ao estado de espírito predominante.

Alguns cuidados são fundamentais para manter a saúde mental em pleno desenvolvimento:

- Monitore, por meio da mente consciente, a avalanche de pensamentos que, dia e noite, o inconsciente cria. Ele não para de inventar, fantasiar e, a seu modo, tirar conclusões precipitadas em relação a tudo – especialmente, aumentar os problemas reais ou imaginários. E você pode sentir-se inseguro, com medos ou fobias que paralisam sua vida familiar ou social, em vez de permitir-se crescer e evoluir profissionalmente. A partir do monitoramento constante, você adquire o controle – parcial ou equilibrado – de seus pensamentos negativos, incapacitantes ou até mesmo destrutivos. Uma rápida reação lhe permite voltar ao prumo, mantendo-se harmonizado consigo e com o ambiente que o rodeia.

- Duvide das ameaças que o inconsciente lhe propõe. Rejeite-as com firmeza, impedindo que adquiram poder e manobrem sua vida.

- Estabeleça, com toda clareza, como deseja sentir-se, comportar-se, ser, de hoje em diante.

- Assuma o comando de suas decisões. Faça, cada vez mais livremente, suas escolhas. Proceda como quem tem o controle da situação nas mãos e pode acioná-lo quando e como quiser.

Difícil? Impossível? Pode, a princípio – para quem sofre com as amarras de seus medos –, parecer uma tarefa gigantesca. Com certeza, é um tanto difícil. *Exige treino, persistência, determinação e tenacidade.* Nada, porém, que seja impossível. A vitória dos outros deverá impulsioná-lo em sua conquista. Se tantos já conseguiram, por que não consegui-lo também?

Mantenha a mente alerta, ativada e positiva. Só ela pode conduzi-lo aos tão sonhados "jardins da paz", fazendo seu coração descansar das constantes preocupações e usufruir o que há de melhor para o equilíbrio de seu espírito.

Fale constantemente consigo mesmo. Seu diálogo interno é extremamente importante nas conquistas de superação. Faça boas leituras, alimentando sua mente com os mesmos cuidados que dispensa a seu corpo.

Fique ligado! Mente atenta é garantia de saúde psíquica. É isso que você merece. Lembre-se de que este é mais um ingrediente para a tão sonhada "paz de espírito". Há muitos outros. É importante descobri-los.

CAPÍTULO 4

Cuidar do corpo

Com a devida atenção dispensada a sua mente, os cuidados com o corpo adquirem novo significado. Estes de nada adiantariam se a saúde da mente estivesse debilitada. Mente e corpo se interligam e se complementam. Não há doença física sem ingredientes psíquicos.

Os cuidados com o corpo evidentemente reforçam o bem-estar integral, fazendo com que haja uma prazerosa harmonia entre as partes que tão estreitamente se entrelaçam. Se apenas cuidássemos da estética, da musculação, de um porte físico que aparentemente parecesse cada vez mais perfeito, bonito e agradável, e apesar disso não tivéssemos a necessária alegria interior, pouco adiantaria. Viveríamos insatisfeitos, procurando imperfeições onde elas não existem e descobrindo defeitos onde ninguém os enxerga.

O culto exagerado à beleza – as mulheres, principalmente, sabem bem do que estou falando! –, além de exorbitantes gastos financeiros, pode levar a uma série de doenças psicossomáticas, algumas até mesmo fatais. Tanto a anorexia nervosa como a bulimia fazem inúmeras vítimas, e seus estragos ameaçam até mesmo adolescentes incautos que deixam a mídia tomar conta de suas cabeças.

Os "cuidados com o corpo" que aqui menciono não têm nada a ver com a verdadeira idolatria que tanto homens como mulheres por vezes vivenciam. Tais cuidados viram uma obsessão, um tormento diário que os impede de apreciar a vida ou degustar as delícias que ela oferece. "Proíbem-se" guloseimas, culpam-se quando as experimentam, passando de dieta em dieta, nenhuma suficientemente milagrosa que os faça perder o peso que desejam.

Evite quaisquer exageros, adote hábitos alimentares saudáveis, faça exercícios físicos adequados e viva uma vida alegre, de aceitação harmoniosa de si mesmo, e tudo terá um colorido nunca antes imaginado.

A vida é bem mais simples do que as interpretações que dela fazemos. Complicamos o que poderia ser fácil e natural, criando embaraços e transtornos à livre expressão de nosso espírito. Aliás, ele não tem nada de complicado. Nossa alma deseja vida simples e natural, unida à natureza e a Deus, vivendo em harmonia com os outros seres humanos, almas imortais e peregrinas como ela.

"Simplificar" é o verbo. E ele precisa ser bem conjugado.

"Cuidar" é o verbo. E ele precisa ser bem entendido.

"Viver feliz" é o verbo como consequência. É a recompensa de quem faz por merecer. Como você!

CAPÍTULO 5

A fé que impulsiona

Um copo d'água para quem tem sede; um pão para amenizar a fome; uma parada para o caminhante; um abraço para reforçar a amizade; uma palavra motivadora ao desanimado; um impulso de fé que reanima... Tudo são gestos de amor, tudo nos fala de Deus.

Para cada necessidade, a resposta correta. Sua paz de espírito se alimentando da fé. É ela que preenche de sentido suas buscas, que empresta um novo significado a tudo que o ser humano realiza em sua travessia terrena.

Nosso campo de fé é permeado pelas mais diversas crenças, que funcionam como poderosas âncoras. Elas despertam em nós forças adormecidas, capazes de nos levar a conquistas inimagináveis. São o farol para o navegante sem rumo. O porto para quem anda errante.

Sua paz de espírito necessita de Deus. Não vem ao caso discutir sua denominação religiosa: o que importa é sua fé em Deus. Um Deus que preencha seu vazio existencial e que possa amenizar suas ânsias de infinito. Um Deus que dê significado às suas perguntas existenciais e que seja a *grande resposta* que seu coração inquieto procura. Nele você pode aquietar-se como um filho que se aninha no regaço da mãe.

Deus Pai-Mãe, segurança e aconchego para um coração de filho que está perto e, ao mesmo tempo, longe da casa paterna. Assim sendo, é preciso confiar, sabendo que a mão de Deus Pai-Mãe nos ampara e impulsiona, como a águia-mãe que confia na capacidade de voo do filhote ao largá-lo no vazio, para sua primeira e grande experiência libertadora. Pai que encoraja, Mãe que protege quando o voo não foi suficientemente seguro. Em meio a acertos e erros, tentativas e tropeços; em meio ao estresse diário que nos desafia: eis a presença de Deus a nos fortalecer e amparar, dando-nos sua paz e a certeza da vitória.

Que seria do caminhante sem a esperança de chegar ao destino?

Que seria do coração da mãe, sem a fé na recuperação dos filhos?

Que seria de nós, sem a certeza de que a morte não é o fim de tudo e que Deus nos aguarda no final da estrada?

Onde encontrar a paz, em meio às turbulências da vida, sem um farol que nos ilumine e uma bússola que oriente nossos passos?

Nossa fé em Deus representa tudo isso e muito mais. É a resposta definitiva que tanto procuramos. É a verdadeira paz de espírito que tanto almejamos. Enfim, é o único sentido de nossa vida. Deus é *tudo* em nós e nós somos *tudo* nele.

CAPÍTULO 6

Saber parar

Em meio às constantes caminhadas, curas e pregações do Reino, o Mestre também parava. Tanto para refazer o corpo do cansaço que sentia como para alimentar o espírito em contato com o Pai pela oração. Há nos Evangelhos diversas passagens que o comprovam. E tudo que Jesus fazia, as atitudes que tomava, as palavras que proferia, fazia-o para servir-nos de exemplo.

Após um dia de trabalhos exaustivos e um sono reparador, o Mestre levantou-se "muito antes do amanhecer", retirando-se para um lugar deserto para orar. Era preciso preparar-se espiritualmente para um novo dia, repleto de atividades, pregações, curas e expulsões de demônios (Mc 1,35-39).

O relato do monte Tabor, entre outros, é mais um exemplo da necessidade de "parar para reabastecer-se" física, mental e espiritualmente (Lc 9,28-36). Não apenas o Mestre assim procedia. Seus auxiliares mais diretos – Pedro, Tiago e João – foram convidados para acompanhá-lo na experiência da Transfiguração.

Em Betânia, pequeno vilarejo perto de Jerusalém, na casa de seus amigos Lázaro, Marta e Maria, frequentemente Jesus descansava com seus discípulos. Era seu oásis em meio ao deserto árduo das caminhadas diárias (Lc 10,38-42).

E nós, temos algum tempo para parar, para refazer o corpo e alimentar a mente, unindo-nos a Deus em oração? O corre-corre nos absorve. O estresse diário nos desgasta. As preocupações nos afligem... Parar? Se há tanto por fazer, como pensar em "parar um pouco"? Temos dificuldade de aceitar uma parada estratégica por considerá-la "perda de tempo". Somos adeptos do trabalho, do agir, do fazer... Sempre dispostos a "apressar" a semente e antecipar a colheita, sem que a terra, o sol e a chuva façam sua parte.

Sua paz de espírito *requer um tempo para si*. É uma conquista como tantas outras. Exige que você lhe dê a devida atenção, o cuidado que as coisas importantes merecem.

Ponha sua segurança nas mãos de Deus e procure afligir-se menos. Não há nada que possa atingi-lo, se o seu "escudo protetor" for o Altíssimo (Sl 91). Isso requer fé: *uma atitude de entrega e total confiança*, fazendo sua parte possível, sabendo que o "impossível" é Deus quem o fará.

Como estamos longe de entender a maravilhosa mensagem da metáfora dos "lírios do campo e das aves do céu" (Mt 6,26s)!

Não cabe a nós fazer o sol nascer pela manhã e pôr-se à noite; fazer as sementes germinarem e o trigo, amadurecer... E agimos como se Deus não soubesse de nossas necessidades, como se tivesse colocado tudo sob nossa responsabilidade.

O que cabe a nós, Deus não fará.

O que cabe a ele, jamais poderemos fazer.

Por que não agir em parceria?

Pare, pense e ponha-se em oração: e a parceria vai ter-se iniciado!

CAPÍTULO 7

A importância do perdão

Há mais um ingrediente fundamental na vivência da paz de espírito: o perdão. Ele é multifacetário: abrange você e o próximo.

São muitas suas ramificações e algumas delas quero propor-lhe para reflexão:

a) *O perdão a si mesmo:* sim, saber perdoar-se é de vital importância. O autoperdão nos livra do sentimento de culpa, do remorso, da autopunição, que tantos se impõem. Se você errou, reconheça seu erro e seja compreensivo e benevolente consigo mesmo. De nada adianta remoer-se em arrependimentos, se a eles não agregarmos uma dose de perdão a nós mesmos. A paz que tanto almejamos somente virá quando o verdadeiro perdão das culpas for concedido por você e por Deus. Perdão verdadeiro implica a extinção da culpa e do castigo e a conversão das atitudes faltosas. Sem mudança de vida, o próprio perdão será insuficiente.

b) *O perdão de Deus:* se você crê em Deus e aceita seu imenso amor por você – tão imenso que ele entregou à morte de cruz seu único Filho, Jesus, para nos salvar –, peça então a ele que perdoe seus pecados e lhe devolva a paz. Era assim que Jesus, em nome de seu Pai, o fazia. À mulher adúltera, disse: "Eu também não te condeno. Vai e, de agora em diante, não peques mais" (Jo 8,11). À mulher pecadora que lhe ungira os pés com bálsamo precioso, chorando arrependida, sua palavra foi contundente: "Tua fé te salvou. Vai em paz" (Lc 7,5).

c) *O perdão ao próximo:* saber perdoar "a quem nos ofendeu" (lembra-se do Pai-Nosso?...) é requisito para que Deus também nos perdoe. Jesus condicionou o perdão humano ao divino. Amarrou-os num mesmo compromisso para não sermos hipócritas, querendo que Deus nos perdoe sem que tenhamos de fazer o mesmo. E Jesus é radical em sua exigência: perdoar não apenas "sete vezes, mas setenta vezes sete vezes". Quer dizer, sempre (Mt 18,21-22).

d) *Saber pedir perdão:* saber perdoar – a si e aos outros – ainda não é o suficiente. A paz requer mais! Como há pouco mencionei – se assim sua crença o sugere –, além do perdão divino, é preciso pedir um sincero perdão ao próximo que acaso tenhamos ofendido, para que também ele tenha a oportunidade de livrar-se de mágoas que lhe causamos. Uma vez perdoados, a reconciliação estará completa: o perdão será pleno e a paz de espírito, garantida.

Múltiplas exigências. Múltiplas recompensas.

Assim é o Mestre: radical.

CAPÍTULO 8

Levantar-se sempre, de novo

"Levanta-te e anda!", ordenou Jesus ao paralítico (Jo 5,8). "Levantar-se" é uma ordem. Andar também o é. O Mestre não nos quer caídos ou parados. E pode-se "cair" de muitas maneiras, e de muitas também ficar "parado".

O desânimo nos prostra; o fracasso nos derruba; a tristeza nos oprime; as preocupações nos afligem; a ansiedade nos angustia... Estados de espírito que nos inquietam, roubam nossa paz e adoecem nosso corpo. É preciso que o alarme interior dispare rapidamente.

É urgente levantar-se, pôr-se psicologicamente em pé, em estado de alerta e prontidão; sacudir o marasmo que se instalou, acordando nossa mente para a reação.

"Andar" foi a ordem do Mestre. Também o corpo tem de participar. Mover-se é viver, sair da mesmice, desinstalar-se da monotonia.

É muito humano sofrer a tristeza do desânimo. É compreensível que a depressão deseje instalar-se: as dificuldades aumentam; os problemas se avolumam; as dívidas crescem... E nossa frágil paz de espírito abala-se profundamente. Tememos até que ela desapareça, que a vida se torne praticamente insuportável.

É nessa hora que a fé em nós mesmos, em nossa poderosa força interior – dádiva de Deus –, precisa entrar em ação. Cair faz parte da trajetória de qualquer caminhante. Ficar deitado é sinal de derrota. *Levantar-se sempre, de novo*, é a vitória de nossa ressurreição mental.

Levantar-se das quedas emocionais, de erros cometidos, de fracassos inevitáveis, de momentos desesperadores, de angústias terríveis, de noites maldormidas... exige de nós determinação e vontade, participação ativa e consciente na superação dos males que insistentemente nos acometem.

Sua paz de espírito merece uma postura firme, uma atitude decidida para manter-se equilibrada em meio aos vendavais que lhe possam assolar a vida. Se afligir-se por pouco às vezes nos acontece, imagine quando os ventos soprarem fortes e impiedosos e as estruturas de nossa casa psíquica forem abaladas!...

É nesse momento que se conhecem os fracos e os fortes: os que se revestem da armadura de Deus e, com ele ao seu lado, travam a grande batalha que os leva à vitória; e os que se acham incapazes e impotentes, e que, sozinhos diante de um poderoso exército de inimigos, infalivelmente fogem da luta.

Lastimo desiludi-lo se você estava confundindo "paz de espírito" com um estado de "nirvana", um estado "zen" de quietude ou até mesmo de inércia, em que todos os problemas desaparecem num passe de mágica... Haverá, sim, momentos de gozo espiritual, de inefável alegria interior, de júbilo silencioso em que você vive e sente um gostinho de paraíso. E por que não? Sua paz, afinal, foi uma conquista e diariamente está sendo. Nada mais justo que o "guerreiro de Deus" tenha seu merecido descanso e sua gratificante recompensa. Mantenha-se, no entanto, em atitude de sentinela: vigilante. A qualquer momento vai ser preciso empunhar a espada da fé e debelar o inimigo. Ele apenas estava distraindo você com seu silêncio. Fique atento!

CAPÍTULO 9

Aprender a ser feliz

A felicidade – ou seus momentos – é um aprendizado. É a mais importante das muitas matérias que a escola da vida nos oferece; é a mais procurada, a mais desejada de todas. Felizmente, há vaga para todos os candidatos, mas as exigências são querer aprender, aceitar as regras do jogo e participar ativamente.

Nascemos para "tornar-nos" felizes ao longo da vida, para usufruir de gostosos momentos de felicidade, para aproveitar tudo que há de belo e maravilhoso neste mundo de Deus.

Nada disso, porém, parece automático, como se nascêssemos tristes ou felizes, degredados ou predestinados. Semelhante a tudo de importante na vida, *a felicidade é um estado de espírito que se constrói ao longo da existência*. Nada tem de estável ou permanente. Não se é feliz sempre. Busca-se, todos os dias, sê-lo de novo.

Experimentamos – dentro de nossa finitude humana – momentos especiais de felicidade; momentos absolutamente distintos para cada um, mas com sabor idêntico: gosto de céu... de querer mais, sempre mais, antes que em nossos lábios se desfaça esse gostinho de paraíso. Dizer-lhe exatamente o que é essa tão desejada felicidade, não sei... Sei, no entanto, que, sem ela, nossa paz de espírito será muito pobre ou até mesmo inexistente. A própria paz de espírito confunde-se com ela. Ao saboreá-la, saboreamos as duas.

Há diversas atitudes que favorecem o aprendizado da felicidade:

- Estar bem consigo mesmo, aceitando-se e procurando desenvolver-se da melhor maneira possível, ajuda muito.

- Cultivar a crença de que "é preciso muito pouco para ser feliz", livrando-se, assim, da ganância e da cobiça, do ciúme e da inveja, é extremamente gratificante. As coisas materiais são um meio, nunca um fim. Como um "meio", servem-nos. Como um "fim", nós as servimos.

- Contentar-se com o necessário – em bens, roupas, carro, alimentação... –, que, normalmente, é pouco. Já o supérfluo sempre é "muito"; presta-se, apenas, a deixar-nos ainda mais vazios e insatisfeitos. Viveremos desejando e nunca teremos o suficiente.

- Ter a mente aberta às maravilhas da natureza, ao que é puro e belo, ao que é simples e encantador em sua singeleza, torna-nos leves e receptivos à paz e aos momentos de felicidade.

Quem sabe, possa ser este também seu novo modo de ser feliz: viver as bem-aventuranças evangélicas no século XXI. Conquistar, todos os dias, seu quinhão de felicidade. E assim, sempre mais, aprender a ser feliz.

CAPÍTULO 10

Manter o alto-astral

A mente positiva vê o lado bom da vida. Capaz de extasiar-se diante do belo e do simples, ela abre as portas à paz de espírito, mantém você bem-humorado, com alto-astral, ainda que a vida não seja tão fácil nem tão colorida quanto você gostaria.

Trata-se também de uma conquista e, como tal, exige treino e capacidades cada vez mais aprimoradas. É como postura ereta e cabeça erguida: ambas nos favorecem se as praticarmos, se tivermos a consciência necessária de reagir contra a gravidade – tanto física quanto psíquica –, que tende a puxar para baixo, pelo simples fato de ser mais fácil e cômodo.

Bom humor é saúde. Astral alto é energia positiva que produz simpatia e atrai outras tantas energias

49

que vibram na mesma frequência. Favorece, assim, o lado bom da vida, estabelecendo um ímã de atração entre pessoas que participam de um mesmo estado mental elevado.

As contrariedades cotidianas nos desafiam; as desilusões nos decepcionam; os contratempos nos irritam; as dificuldades nos impacientam... e nosso astral despenca. Na medida de nossa inércia e indiferença perante a crise que se instalou, nosso humor declina ainda mais. Vivemos um generalizado mau humor, um baixo-astral de afastar de nós até os mais bem-intencionados em nos tirar desse "inferno" existencial. Como o negativo atrai o negativo, atraímos energias iguais às nossas, piorando ainda mais nosso quadro.

Reação consciente e diária, inculcando-nos pensamentos de força e determinação, de automotivação e fé nas próprias potencialidades de superação: eis o único caminho que nos levará à vitória. Caminho este nem sempre aplainado e rápido, sem curvas ou imprevistos. No entanto, caminho a ser seguido, quer chova ou faça sol, quer seja cansativo ou prazeroso.

Nosso estado de espírito cria nossas atitudes e indica os caminhos mais fáceis e seguros a trilhar. A vida é uma experiência gostosa para quem acredita que assim possa ser e fizer por merecer tal prêmio. Em última análise, é *você mesmo* quem se recompensa, *você mesmo* se exalta com a "medalha de ouro" tão cobiçada pelos atletas da vida.

Sua paz de espírito agradece. Ela adora gente positiva, feliz e otimista. Adora, sem dúvida, todos que lhe são semelhantes. É a lei da atração. Simples assim...

PARTE 2
DE BEM COM A VIDA

Capítulo 11

Objetivos e projetos de vida

Viemos ao planeta Terra para realizar uma missão, um propósito de vida. Todos o trazem consigo. Nem todos, porém, o conhecem. Através de nossos talentos, gostos e aptidões, vamos descobrindo a tarefa que nos cabe na construção do edifício da vida e na preservação do planeta.

Adolescentes e jovens, por vezes, necessitam de orientação vocacional para definir, com maior clareza e precisão, o que realmente desejam. E, assim mesmo, iniciam por vezes um caminho e logo adiante o abandonam, descobrindo não ser o que os realiza. Optam, então, por outro e mais outro, até encontrar a resposta que os satisfaça.

Supondo que você já tenha feito sua escolha – mudanças de direção sempre são possíveis e, às vezes, até bem-vindas –, é preciso incrementar sua atividade com novos objetivos e projetos, cada vez mais ousados e gratificantes. Na verdade, objetivos e projetos profissionais são basicamente sua missão e propósito de vida, se neles você colocar amor e boa vontade. Sua paz de espírito passa pela realização vocacional e/ou profissional que tiver escolhido.

Traçar novos objetivos é incentivador, é desafiante. Criar novos projetos para evoluir e desenvolver-se psicológica ou financeiramente é de máxima importância para a saúde integral. Pessoa feliz e realizada em sua vocação e/ou profissão é pessoa saudável. De bem com a vida, gosta do que faz e, por isso mesmo, é bem-sucedida.

Deve ser triste não ter metas a realizar, objetivos a conquistar, projetos a inovar! Confesso que não sei a sensação que se vive, pois sempre, em toda a minha vida, priorizei aprimorar as escolhas e os desafios pelos quais optei. E o que tranquila e alegremente posso dizer é que assim me sinto realizado.

Se você não puder dizer o mesmo, pergunte-se o que estaria faltando:

- Clareza em suas escolhas?

- Determinação e foco em seus objetivos?
- Execução minuciosa de suas metas?
- Coragem para inovar projetos?
- Desenvolvimento, com uma boa dose de amor e de boa vontade, de suas tarefas diárias?
- Equilíbrio de suas ambições para estar de bem com a vida, amando tudo que tem, em vez de viver frustrado com o que lhe falta?
- Encerramento de um ciclo profissional, com segurança e coragem para iniciar outro novo e desafiador?

Estar de bem com a vida é usufruir do melhor que ela tem a oferecer. E é muito o que ela oferece! Basta abrir-se para novas oportunidades que diariamente nos são propostas. Olhar atento, coração aberto... e você as descobrirá. Lembre-se: surpresas agradáveis o aguardam...

CAPÍTULO 12

Resiliência nas dificuldades

Quando os ventos da vida sopram contrários; quando nosso barco é jogado ao sabor das ondas; quando as forças diminuem ante a necessidade de remar com mais vigor; quando o medo surge, de repente, a nos angustiar; quando as dificuldades aumentam e os problemas se avolumam... é nesse momento que precisamos demonstrar nossa capacidade de reação, de enfrentamento e de adaptação às circunstâncias menos favoráveis. É isso que chamamos hoje de "resiliência": maravilhosa força interior que, imediatamente acionada, nos faz voltar à paz perdida, nos devolve o equilíbrio momentaneamente ameaçado, assegurando a tranquilidade e a coragem de enfrentar os contratempos que nos afligem.

Para estar *de bem com a vida* é necessário voltar ao nosso centro emocional sempre que situações adversas nos desestabilizam.

Há muitos que se preocupam e até mesmo se desesperam diante de mínimos problemas. Incapazes de suportar contrariedades, de relevar palavras ou atitudes ofensivas de quem quer que seja, não conseguem sequer remover pequenos obstáculos sem transformá-los em grandes terremotos. Assim, a paz de espírito se esvai e a inquietude se instala.

Problemas há e sempre haverá; fazem parte da caminhada. Encará-los em suas devidas proporções, procurando solucioná-los antes que se agravem ainda mais, é a atitude que se espera de quem preza *viver em paz consigo, de bem com a vida*, mesmo que nem tudo sejam flores nem "céu de brigadeiro".

Você considera-se resiliente?

Quais costumam ser suas reações quando as nuvens de uma eventual doença ou alguma notícia fatídica toldam o sol que ilumina seus dias?

Diante de imprevistos, de problemas familiares que o preocupam, com que equilíbrio emocional você age?

Perceba que o desafio é duplo: *adaptar-se* para conviver com a situação sem deixar-se prostrar por ela e, com a brevidade possível, *voltar ao estado normal*, isto é, ao estado de paz anterior ao fato estressante, ao seu ponto de equilíbrio.

Dialogando com as pessoas, como terapeuta, percebo que muitas – mesmo após tentarem resolver seus problemas – continuam presas a eles, sofrendo inconformadas com o sucedido, incapazes de retomar alegremente seu caminho. Martirizam-se desnecessariamente, culpam-se por não ter percebido em tempo os males que ora as perturbam, ou por não ter agido prontamente para impedi-los. E, agora, adianta afligir-se?

Remorso ou sentimento de culpa pioram nosso estado emocional e aumentam nossa dor, amarrando-nos sempre mais ao sofrimento do qual, urgentemente, temos de nos libertar.

Pare, pense e reflita comigo: sua paz de espírito, seu "estar-de-bem-com-a-vida", merece atitudes sábias e ponderadas. É mais um aprendizado que a escola da vida oferece. Acima de tudo, trata-se de um desafio a superar.

Qual será nossa resposta?

CAPÍTULO 13

Escolhas difíceis

*T*alvez você possa estranhar que se abordem assuntos como os seguintes num livro sobre "paz de espírito". Muitas pessoas, no entanto, se inquietam pela reação e pelos questionamentos de outros – principalmente familiares –, por terem optado por não casar – o que há de errado em ficar solteiro?! –, ou por terem assumido sua homossexualidade ou mudado de sexo por via médica... Como terapeuta, sempre ouço a mesma conclusão: "Só agora, após tomar a decisão e fazer tão difícil escolha, me sinto em paz".

Para chegar ao ponto de realizar determinadas escolhas, passa-se por muito sofrimento. Dias inquietos, noites sem dormir, angústias, indecisões... Dúvidas e conflitos corroendo a alma e perturbando a mente. Incertezas quanto à escolha correta, quanto ao futuro de paz que se almeja.

Nada fácil, nada tranquilo. Até que uma luz interior se acende e dissipa as trevas da dúvida, abrindo caminho à coragem e à decisão. Feita a escolha e assumidos seus riscos e inevitáveis consequências – normalmente positivas para quem as assume –, só então a serenidade de espírito retorna.

E, assim mesmo, paga-se às vezes um alto preço pela escolha feita! Há sempre os que apontam o dedo, julgam ou não perdoam o passo dado pelo outro, por não serem eles que vivem o drama.

O simples fato – para certas tradições familiares, não tão "simples" assim – de permanecer solteiro é motivo suficiente para roubar a paz do coração de quem assim o decidiu. Se casar é uma opção, permanecer solteiro também o é. E merece ser respeitada. No mais íntimo daquela jovem ou do rapaz que assim decide conduzir sua vida, é uma escolha da alma. Nem eles sabem, em última análise, porque assim o desejam.

Há gente que se dedica ao serviço do próximo; outros elegem uma vida consagrada ligada a congregações religiosas, mesmo permanecendo em meio ao mundo secular; outros ainda se empenham em serviços pastorais ou comunitários, em cuidados especiais com familiares idosos ou doentes. Sentem-se úteis – e realmente o são! –, realizando-se como solteiros por *livre opção*, não por frustrações amorosas nem por mágoas que os desiludissem de querer casar.

O importante na vida é descobrir *quem* somos e *a que* viemos. Sem chegarmos a isso, nem a paz de espírito é possível nem, muito menos, estar de bem com a vida.

Não nos cabe julgar os outros. Se há quem os julgue, eles que o façam. À maioria de nós cabe ser "juízes de nós mesmos" – o que por si só é uma tarefa suficientemente difícil e delicada – e aceitar e compreender o outro em sua individualidade, em suas próprias escolhas, em viver a vida dele como conscientemente achar melhor. Aos outros permitamos a paz que tanto desejamos a nós e o direito de sentirem-se de bem com a própria vida, sejam quais forem suas opções sexuais ou modos vocacionais escolhidos.

Que sejam, sim, felizes!

CAPÍTULO 14

Casado e com filhos

Você está em paz consigo mesmo e curte a vida familiar como *opção sua*. Ótimo! Decidiu, de comum acordo, ter filhos ou não tê-los. Cabe ao casal – e unicamente a ele – fazer essa escolha.

Ao certo não deveriam ser os pais nem muito menos uma decisão judicial que "obrigassem" a casar. Casamento só tem valor se feito em total liberdade, o que nem sempre acontece. E em liberdade precisa continuar se efetivando.

Você vive com sua esposa ou seu marido porque assim, ambos, escolheram fazê-lo. Porque um elo de amor os prende e mantém seus corações unidos. E a vida é bonita e gostosa porque *viver um para o outro* os torna felizes. E os filhos complementam seu grau de realização pessoal e conjugal, mesmo que isso represente uma dose de renúncia e doação nem sempre muito fácil.

O amor é a medida de uma vida matrimonial. Amor que se traduz em respeito e admiração, em diálogo e cumplicidade, em parceria e gestos de perdão, se a convivência – por vezes pouco harmoniosa – o exigir.

E quando os primeiros desencontros e desgostos surgirem, mais ainda o amor precisa fazer parte da mesa da reconciliação. E quando, infelizmente, os desencantos aumentarem e a vida a dois se tornar sofrimento em vez de alegria, chame-se de novo o amor para ajudar nas delicadas e difíceis decisões a tomar.

Continuar assim, desgostosos um com o outro, ou mesmo se valer do extremo de agressões verbais ou físicas, só para contentar os pais ou salvar a imagem pública perante a Igreja ou a sociedade, será a solução?

Separar-se (lembrando-se, quando há filhos, de que continuam "pais para sempre"), em certos casos, pode ser a escolha mais honesta, especialmente quando acontece de forma amigável e consensual.

Reconstruir o casamento, reencantando-se, tentando cada dia e sempre reavivar o primeiro amor, colocando Deus no centro dessa renovação conjugal, pode, sim, dar certo! Se nunca tentaram, não podem julgar que não irá acontecer. Vale a pena acreditar no amor, na família e nos filhos. Digam-no muitos que tiveram a coragem de fazer terapia de casal; de olhar-se com honestidade e carinho nos olhos; de dar-se novamente as mãos como nos primeiros tempos; de perdoar-se mutuamente e, mais uma vez, *escolher* um ao outro. Digam-no estes se a paz não voltou e a vida readquiriu novo brilho?

Não queiramos desconhecer os dois lados da medalha. Conheço, em meu trabalho terapêutico, casais que, apesar de seus esforços – por vezes tardios –, estão hoje em paz consigo e de bem com a vida, mesmo separados. Lembro mais uma vez: não cabe a nós julgar os outros.

O mais íntimo de alguém, ninguém conhece. Nem mesmo a própria pessoa... Deixemos isso para Deus.

Capítulo 15

A paz também é social

Minha paz não é apenas "minha", individualista e egocêntrica. A paz verdadeira, que eu mereço sentir, também é *social*. Se há outros ao meu lado sofrendo, como posso ter sono tranquilo? Se há outros passando fome, como posso festejar e banquetear-me?

A paz pessoal e familiar – pais com os filhos, e vice-versa – precisa estender-se, alargar seus horizontes, olhar para os lados.

Quem são meus vizinhos? Necessitam que os acolha ou ajude em suas necessidades? Ou desconheço seu nome, sua procedência, sua ocupação profissional, o mínimo para um pouco de interação social entre moradores fisicamente tão próximos uns dos outros?

E a sociedade – vila, bairro, pequena cidade – a que pertenço: o que ela pode esperar de mim? Sou participante ativo ou um ilustre omisso em todas suas iniciativas?

E a comunidade religiosa – se acaso pertenço a alguma delas –, qual o papel que exerço em suas atividades? Presença silenciosa, peso morto, sem voz ativa, ou assumo papel atuante, de liderança, em seus empreendimentos?

Sei responder aos chamados que as necessidades comunitárias me fazem, ou me isolo solenemente em meu conformismo? São crianças e jovens com deficiência que precisam de mim nas diversas entidades que a eles se dedicam; são idosos carecendo de ajuda; são doentes a serem visitados e confortados; são pobres ou moradores de rua passando fome ou frio... E eu? De braços cruzados, vendo "a banda passar"?...

Abrir os olhos e o coração ao que acontece ao seu redor, ao mundo no qual você está inserido, é requisito fundamental para ser merecedor de uma verdadeira paz de espírito e de um honesto sentimento de bem-estar com a vida.

O amor se compromete. Primeiro com os seus; em seguida, com os outros, com o pequeno mundo que o circunda, começando por sua vizinhança, seu bairro, sua igreja, seu clube, seu time, seu centro de convivência com pessoas que você ama... Tudo faz parte da abrangência de seu amor.

Agora, sim, *usufrua de sua paz*! Você fez por merecê-la.

Agora, sim, *sinta-se de bem com a vida*! Você vive um amor solidário, e este o deixa merecidamente mais feliz.

Lembre-se: *a paz verdadeira é social.*

CAPÍTULO 16

Um hobby faz bem

Trabalhar, apenas trabalhar, correndo insistentemente "atrás da máquina", é a solução que muitos encontram para "tentar" ser feliz. Se de fato o serão, não sabemos. Suas constantes reclamações e não menos frequentes descontentamentos com salário, trânsito, contas, mensalidades escolares, aluguel, alta geral de preços, nos levam a concluir que a "solução" encontrada não é a melhor.

"Precisamos sair do aluguel, ter nossa própria casa ou apartamento", dirá você. E eu lhe direi que nada é mais justo do que isso. Não, porém, ao custo de sua saúde, de pouca presença em sua família, de distanciamento no amor... No meio está o equilíbrio. No meio também está a virtude. Nem tudo a César, nem tudo a Deus. Ambas as necessidades do ser humano precisam ser atendidas. Trabalhar, sim: o necessário. Descansar, sim: o suficiente. *Ter um* hobby, *um lazer, um entretenimento pessoal ou familiar é extremamente importante.*

Um *hobby* pode ter os mais diversos nomes, contanto que seja saudável, alegre e divertido; que traga paz à alma e saúde ao corpo; que acrescente bem--estar à família; que a todos desestresse de nervosismos e preocupações; que alivie a mente, muitas vezes cansada de tantos e repetidos problemas; que reanime para o dia seguinte, para a nova semana que se inicia. Enfim, um lazer que renove as energias e devolva a alegria de viver.

Pausa para relaxar, para refazer-se, para retomar com ânimo as atividades, para repensar a vida, para dialogar, para planejar a vida conjugal, para sair com a família, andar de mãos dadas, brincar com os filhos. Pausa para viver, simplesmente viver. E, assim, amar, sorrir, jogar conversa fora, sentir-se em paz consigo mesmo. Enfim, "de bem com a vida".

A solução está no equilíbrio. Há tempo para semear e tempo para colher. "Semear" pelo trabalho. "Colher" pelo lazer. Nem apenas um nem apenas outro: ambos. Tudo em sua justa medida, tudo em seu tempo certo. Aprende-se...

E por falar em aprender, nada há de tão difícil e complicado que não possa ser aprendido. Pode até demorar, ser penoso ou desafiador, mas, com persistência, determinação e boa vontade, tudo é possível. *Ao amor e à dedicação constantes, nada resiste.*

O tão sonhado equilíbrio entre trabalho e lazer também é uma conquista. É bom apressar-se em realizá-la, em tempo hábil para viver a vida, dosando trabalho e descanso, lazer e contemplação.

É isso que lhe desejo. Siga em busca do equilíbrio. Você e sua família merecem alcançá-lo.

CAPÍTULO 17

Dialogar com a vida

Estamos na era da comunicação virtual. Todo mundo se comunica com todo mundo. Com o perdão do exagero – é isso que se fala entre os jovens –, não se comunica quem não quer. Morador de rua tem celular e até "maquininha" para facilitar a esmola... E dizem que é o começo da nova era digital. Estamos na "infância" do mundo cibernético. Aonde tudo isso nos levará, ninguém sabe.

Questiono-me frequentemente até que ponto isso é "comunicação". "Amigos virtuais", que amigos são? Amigos de rosto, de nome (será realmente seu nome?...). Será verdadeiro o que se "sabe" deles? E mesmo que fosse, *dialogar se dialoga na presença física de alguém*, ao vivo, olho no olho, escutando o outro, respondendo, questionando, procurando soluções a dois.

E com a vida? Sim, é preciso *dialogar com a vida.* Saber auscultá-la. Saber de seus planos a nosso respeito. Apresentar-lhe nossos objetivos e projetos. Silenciar para ouvir suas experientes e sábias respostas.

Se a escutássemos, creio que ela teria muitas coisas urgentes e importantes a nos dizer, sobre saúde, alimentação, cuidados com a mente e o corpo, novos planos a executar, mudanças radicais que não podem mais esperar...

Você já fez alguma experiência assim? Já dialogou com você mesmo, com a vida que palpita em seu peito: seu coração emocional e físico? Já silenciou para ouvir com toda atenção o sopro de sua respiração e interagir com ela, tornando-a mais rítmica e harmoniosa, atitude que a ansiedade e o corre-corre do dia a dia são incapazes de tomar?

Pare e reflita comigo.

No seu diálogo com a vida, que pontos fundamentais abordaria?

Você estaria preparado para eventuais surpresas, desafios que a vida poderia lhe propor?

80

De coração aberto, falando consigo mesmo, com a vida que você é, em quanto sua paz de espírito e seu bem-estar aumentariam?

Disponha-se a ouvir. Disponha-se a responder. Aprofunde seu diálogo interior. Aguarde... surpresas agradáveis o esperam.

Posso lhe afirmar que esta é, sem dúvida, uma das experiências mais gratificantes que faço com minha vida. Se ainda não tenho toda a paz de espírito que gostaria, estou seriamente a sua procura. Se ainda nem sempre consigo curtir a vida da melhor maneira e sentir-me cada vez mais de bem com ela, estou feliz com as conquistas que venho fazendo. Claro, não paro nas buscas diárias que realizo. Quero mais, anseio progredir, caminhar... sempre em frente!

E você, dispõe-se a ir comigo?

PARTE 3
EM PAZ COM DEUS

CAPÍTULO 18

Sentir-se amado por Deus

Atente-se bem a isso: nós somos *amados* por Deus. Você e eu – e todos os outros filhos dele – somos amados. Deus nos ama. O apóstolo São João repete insistentemente esta verdade em seus escritos evangélicos e em suas cartas: "Vede que grande presente de amor o Pai nos deu: sermos chamados filhos de Deus! E nós o somos!" (1Jo 3,1). "Se alguém me ama, guardará minha palavra; meu Pai o amará, e nós viremos e faremos nele a nossa morada" (Jo 14,23).

Aceitar que somos amados por Deus é o primeiro passo. Temos que aceitar que somos privilegiados, escolhidos por Deus de forma muito especial, criados "à sua imagem e semelhança" (Gn 1,27). Entender, não conseguimos entendê-lo. Resta-nos, pela fé, crer que Deus quis assim, que assim o realizou, e por isso somos seus filhos, amados por ele. A fé nos faz aceitar o que não compreendemos. Até onde a razão não alcança, a fé nos dá a certeza de nossa crença.

Deus não é uma "ideia". Não podemos amar uma ideia, muito menos sentir-nos escolhidos e amados por ela. Deus Pai – mesmo não sendo de carne e osso como nós, sem forma física – é a primeira Pessoa da Santíssima Trindade. Mistério inefável para nossa limitada compreensão! Ama-nos com seu *coração de Pai* – coração feito de amor e luz –, e podemos, pela experiência da fé, sentir esse amor no coração e essa luz brilhando dentro de nós.

"Deus é amor" (1Jo 4,8). "Deus é luz, e nele não há trevas" (1Jo 1,5). Mas só "quem ama permanece em Deus, e conhece a Deus", insiste o mesmo apóstolo (Jo 4,16b).

Já imaginou a paz de espírito que se apodera de nossa alma, mente e coração ao sentir-nos amados e acolhidos por Deus? Ele não julga se somos dignos ou meritórios do seu amor; simplesmente nos ama como somos, incondicionalmente.

Imperfeitos, pecadores, aprendizes da escola da vida, de passagem pela Terra – e de retorno também –, ama-nos como filhos, porque assim, em seu imenso amor, nos elegeu. Ele nos amou primeiro, para que nós, aceitando-o, possamos amá-lo também. Esta é a grande nova; a extraordinária alegria, a paz de espírito perfeita. Nossa fé nos diz isso. Não há explicações científicas de que seja assim. *A certeza do que não vemos é a fé*. Aqui, em nossa travessia terrena, "ninguém jamais viu a Deus" (1Jo 4,12). Pela fé e pelo amor, começamos a "ver" que ele existe.

Em suas providências por nós: na exuberância e beleza da natureza; na nossa inteligência e nas capacidades maravilhosas de sermos felizes, em tudo "vemos" sua mão agindo. Dotou-nos ainda de livre-arbítrio, porque não nos quer escravos; quer que, livremente, o aceitemos e o amemos. Como filhos que amam seu pai, nós também o amemos.

Seu amor, porém, não ficou nisso. Chegou a extremos jamais imaginados pela mente humana. Enviou-nos o próprio Filho, o Cristo, "como oferenda de expiação pelos nossos pecados" (1Jo 4,10).

A verdadeira paz de espírito passa por esse caminho.

Vamos trilhá-lo?

CAPÍTULO 19

A proteção que vem do Alto

Qual o pai que não quer proteger seus filhos? E se esse pai é Todo-Poderoso, extremamente cheio de amor pelos seus, que tudo sabe e tudo provê, por que então não confiar que sua proteção estará sempre conosco?

Deus é tudo isso e muito mais. É o amor personificado se expressando em nossa vida. É o pai carinhoso que deseja seus filhos livres, crescendo e evoluindo, dando-lhes todas as oportunidades de realização possível. É só abrir os olhos do coração e acolher a graça.

Somos criaturas finitas, limitadas ao espaço e ao tempo. Em nossa busca de infinitude, somos peregrinos inquietos, sempre a caminho. Ansiosos por conhecer a Deus, progredimos, de etapa em etapa, até um dia podermos – na casa do Pai – contemplar sua face.

Quem sabe, agora, necessitemos de proteção. Sentimo-nos, ainda, inseguros, frágeis e impotentes diante das adversidades que a vida na Terra nos impõe. Nossa experiência de alma-em-corpo-físico, às vezes, não é nada fácil. Recebemos um corpo material, perecível, sujeito a doenças e sofrimentos. E isso não nos agrada.

Nossa jornada, no entanto, é curta. A paz que nos aguarda é imensamente maior. Do Alto vem a nossa proteção. É dele, do Pai das Luzes, que ela vem.

"O Senhor é minha luz e minha salvação; de quem terei medo?" (Sl 27,1).

"Tu que estás sob a proteção do Altíssimo e moras à sombra do Onipotente, dize ao Senhor: 'Meu refúgio, minha fortaleza, meu Deus em quem confio'" (Sl 91,1-2).

Sua paz de espírito, amigo, passa por este sentimento, por esta experiência, por esta certeza: Deus está com você. Invoque-o em suas necessidades e aflições, e ele atenderá seu chamado.

Abra, porém, seu coração e acolha o amor do Senhor. Isso é imprescindível. Se a porta estiver fechada, como ele poderá entrar?...

Amados, acolhidos, protegidos, somos impulsionados a crescer.

Nossa experiência terrena é a escola da descoberta de nossa missão a ser realizada, do propósito de vida a ser cumprido.

E qual sua missão, seu propósito de vida? Ele é único, e descobri-lo é o caminho da felicidade. É o passo inicial de toda sua ação. De toda sua participação na construção do Reino na Terra.

A paz de espírito passa também por este caminho. Na verdade, o caminho é um só. As experiências são diversas. E vale a pena viver o máximo delas!

Este é nosso aprendizado, o crescimento que Deus espera de nós.

Seguros e abençoados – protegidos –, prossigamos nosso caminho.

Capítulo 20

Evitar o temor exagerado

A aceitação do amor e do conhecimento de Deus que vamos adquirindo ao longo de nossa jornada terrena depende dos *estágios evolutivos* pelos quais nossa alma passa. No primeiro estágio temos *medo* de Deus, ao mesmo tempo que necessitamos muito dele. Ele é nosso protetor, nosso escudo, nossa fortaleza.

Tememos, porém, seus castigos. Se desobedecermos às suas leis e preceitos, podemos ser fulminados por sua ira! E terá, Deus, "ira"?

Ensinaram-nos assim, porque assim nossos pais o aprenderam.

Um *santo temor* de Deus é bom. Significa nosso respeito e nossa admiração pela grandeza do

Criador. Um *temor exagerado* nos faz desacreditar de seu amor. Torna-nos extremamente dependentes das "variações de humor" que Deus possa ter em relação a nós. E como se ele as tivesse!... Pouco instruídos que somos, no entanto, acreditamos num Deus com feições e limitações humanas, e nada mais falso que isso em nossas pobres crenças.

O Deus de Jesus Cristo, do Novo Testamento, é o *Deus do amor, da misericórdia, do perdão*. É o bom pastor que vai em busca da ovelha extraviada, que acolhe o filho pródigo de retorno ao lar. É um estágio novo, bem mais evoluído, com uma visão totalmente diferente a respeito de Deus: de um Pai que perdoa, em vez de castigar; que salva, em vez de condenar; que, acima de tudo, nos ama.

É preciso *ser livre* – e assim sentir-se – para poder evoluir.

As escolhas são nossas. Deus as permite. Se ele deu asas a seus filhos é para que voem, e não para cortá-las depois. Os tombos?... Fazem parte do aprendizado. É na tentativa, no erro e no acerto que evoluímos. É Deus, Pai-Mãe, qual mãe-águia, lançando-nos no espaço da vida. É só voar! Sem medo de ser feliz, sem medo de machucar-se, sem medo de ousar em alturas mais desafiadoras.

Deus nos prefere assim, com toda certeza! Filhos que ousem, que avancem, que progridam em todas as etapas, na descoberta e na realização de sua missão, de seu grande propósito de vida. Podemos contar com sua bênção, sua aprovação, seu apoio e – o que é importante – seus aplausos por termos chegado lá.

Este é o nosso Deus, Pai que nos ama. Esta é a certeza que nos traz a paz de espírito em meio às lutas. Afinal, somos os "guerreiros de Deus" e merecemos também nosso descanso. Merecemos a paz de um coração que sabe ter "combatido o bom combate", como nos ensina São Paulo (1Tm 6,12), e conquistado a vida eterna; e que aguarda, agora, a recompensa do Alto por tudo de bom realizado aqui, ainda que tenha sido pouco... Para o amor, o pouco é sempre muito.

E Deus nos ama assim.

CAPÍTULO 21

Cultivar a paz ecológica

A paz interior necessariamente passa pela *paz ecológica*.

Nosso planeta é a morada que nos acolhe e, só por isso, merece todo nosso respeito. Saber acolhê-lo com todo amor que um filho dedica a uma mãe – Gaia, a mãe-Terra – é um dos primeiros sentimentos que devemos despertar em nós.

A terra é o ventre fecundo do qual brotam todas as formas de vida que povoam suas vastidões e nos servem de alimento. É a mãe generosa que, em superabundância, nos oferece seus seios fartos para que seu leite vital possa jorrar para as bocas famintas de seus filhos. Oferece-nos as fontes de água límpida para dessedentar nossa sede, revigorar nosso corpo e manter-nos fortes e saudáveis.

Como dormir em paz, em seu leito de relvas verdes e frescas, transformado agora em colchões macios, se nada faço para respeitar e promover a integridade original da exuberância da mãe-Terra?

Como não me sentir em conflito ao perceber que nem eu nem os outros cuidam, com amor de filhos, da herança que lhes foi colocada nas mãos?

A natureza é nosso oxigênio primordial. Seus pulmões abastecem os nossos. E que ares respiramos?... Ares poluídos, envenenados pela ganância, intoxicados pela exploração desmesurada de mentes egoístas, de corações sem piedade e sem preocupação com o futuro do planeta.

Pensarão essas pessoas em seus filhos, em seus netos e bisnetos? Naqueles que herdarão um planeta destruído, um solo devastado, um ar irrespirável, uma saúde alquebrada, por nascerem envenenados desde o ventre de sua mãe?

Sentir-se em paz consigo, de bem com a vida, em paz com Deus, requer indispensavelmente uma *abertura e um compromisso com o meio ambiente*. Nele vivemos, respiramos, dele nos alimentamos. Cuidados diários com a preservação e a saúde desse sistema ecológico total se impõe como condição de nossa sobrevivência.

A paz ecológica – em nós e no ventre fértil da mãe-Terra – é urgência urgentíssima. Não há mais tempo a perder! Perdeu-se demais! A consciência humana – ambiciosa e destruidora – está sem limites. É preciso frear essa agressão. É preciso repensar, reorganizar, revitalizar.

E você e eu: qual nossa parte nesse processo de preservação?

Somos membros ativos na defesa da ecologia?

Somos quem? Indefinidos, omissos, sem consciência planetária, assistindo calados à morte lenta de nossas reservas nativas, da fauna e da flora que enfeitam nosso lar terreno?

Abrir os olhos: os do coração, que sente, que ama, que cuida, que preserva, que promove... Essa é a atitude que deve nos impulsionar neste momento histórico.

A paz ecológica é também nossa paz.

Abra-se à mãe-Terra!

Ela espera por seu amor de filho!

CAPÍTULO 22

Felizes por sermos cocriadores

Deus Criador não pretende fazer tudo sozinho. Quer-nos colaboradores em sua obra, que ainda continua inacabada. Aliás, será assim até o fim dos tempos, para que os seres humanos – seus filhos, de passagem aqui – tenham com que se ocupar, realizando seus sonhos e objetivos de *sentir-se úteis à construção do lar comum*.

Como é gratificante e confortador sentir-se parte do processo! Viver inserido, atuante, inspirador! É como receber de Deus o material necessário ao projeto, as ferramentas indispensáveis, e ouvi-lo dizer: "Mãos à obra, filho!".

E Deus nos deu mais: uma mente criadora que não apenas preserva e transforma mas também cria.

Somos cocriadores do seu grande projeto inicial, a completar-se através de nossas mãos, que dão forma às imagens mentais, inovam, embelezam e enfeitam nossa vida. Felicidade de Pai, felicidade de filho: assim é Deus, a máxima inteligência criadora que tudo origina e sustenta.

Sentir paz interior depende também de quanto você é responsável por criar novas formas, por dar vida, por soltar o gênio adormecido em seu íntimo, que é muito mais capaz do que você próprio imagina! Ou você acredita que o Pai das Luzes é pobre? Ou, que não vê com a devida clareza a capacidade dos filhos que em seu amor criou?

Criados à sua "imagem e semelhança" (Gn 1,27), seríamos incapazes de progredir, de autossustentar-nos, de transformar a Terra num hábitat bonito e acolhedor? Você sabe do que Deus e nós, juntos, somos capazes? Ele não nos criou ineptos, menos dotados, infelizes por sofrer as agruras de uma vida aparentemente hostil, de uma natureza que os agride em vez de acolhê-los. Não! Ele não nos fez assim!

"Deus os abençoou e lhes disse: Sede fecundos e multiplicai-vos, enchei a terra e submetei-a! Eis que vos dou, sobre toda a terra, todas as plantas que dão semente e todas as árvores que produzem fruto com sua semente, para vos servirem de alimento" (Gn 1,28-29).

Estamos aqui com a bênção do Pai. Legítimos herdeiros de uma parte – por pequena que seja! – desta imensidão terrena. Suficiente para todos, se o amor fizesse a distribuição. Porém, se o egoísmo e a ganância da pequenez humana dominarem, ainda que vasta, a Terra será pobre e pequena para a fome de bilhões.

Eis nosso quadro: a triste realidade que criamos. E todos temos alguma parcela de responsabilidade. Todos! A tentação de omitir-se, de jogar a culpa nos outros, nos amortece, e não se faz ouvir nossa voz, quando deveria ser ouvida! Não se faz ouvir nosso grito de urgência ecológica, preso na garganta por medo de comprometer-se!

Nossa paz interior cresce ao sentir-nos cocriadores com Deus. Está em nossas mãos fazer nossa parte. Você e eu.

CAPÍTULO 23

Parar, silenciar, orar, meditar...

Nossa tão preciosa paz interior alimenta-se também de uma grande variedade de suplementos. Como o corpo humano, ela necessita de um leque de opções que reforcem as atitudes básicas assumidas. A fantástica inteligência das células acaba transformando os alimentos "em nós mesmos". É válido, portanto, dizer que somos o que comemos, além de sermos o que pensamos e as escolhas que fazemos. Assim, em nosso "corpo" emocional, alguns suplementos especiais ajudam também a reforçar nossa almejada paz de espírito.

Parar para refazer-se, para reabastecer as provisões, verificar as condições da jornada, corrigir alguma rota, em meio ao corre-corre e à agitação diária a que os compromissos terrenos nos submetem, neste belo e complicado mundo que inventamos, "é difícil!", dirá você. No contexto agitado da vida estressante que nós mesmos nos impusemos, como parar? Sem dúvida, muitos se deparam com este dilema. Cabe-nos, para nosso bem, resolvê-lo da melhor maneira.

Silenciar a mente, a voz, o coração, os ouvidos... Desligar a TV, o celular, a música eletrônica... Você consegue? Desligar o "mundo exterior" para ouvir e sentir o "mundo interior" pulsar em você. E apenas viver. Por alguns instantes, ter plena consciência de estar vivo, de fazer parte da festa, de estar inserido em Deus, que é Vida e quer que a tenhamos em abundância (Jo 10,10). "Isso é possível?", você se questiona. Tente, pelo menos. A boa vontade vai ensiná-lo a silenciar para perceber que está vivo, feliz e em paz, auscultando Deus.

Orar é importante; é *religar-se* constantemente com o amor de Deus, em atitude receptiva de filho; é colocar-se diante de seus olhos de Pai, apresentando-lhe suas necessidades, que ele conhece muito bem, mas deseja que lhe peçamos. Ele tem prazer em servir. *É a essência do seu amor* (cf. Mt 7,7-11). Orar para conversar com Deus, como um filho conversa com seu pai, e silenciar para ouvi-lo, para estar em sua presença. Ouvidos atentos ao que ele tem a nos dizer! Você pode ir mais longe, se assim o quiser.

Se for capaz de parar um pouco, silenciar por instantes, orar em seu coração, achegando-se ao Pai, você pode mais, pode avançar. Aprofunde-se, sinta a paz jamais experimentada ao entrar em contato mais profundo consigo mesmo, com a vida, com a respiração que oxigena seu corpo, com o pulsar do seu coração. Para isso, sente-se – alguns minutos apenas –, em posição ereta e confortável, e *preste atenção à sua respiração*. Inicialmente, só isso. O ar que entra e sai, *sinta-o*. É a vida! E, ao senti-lo, serenamente, acalme sua mente e seu corpo; permita-se vivenciar uma gostosa paz e rejubilar-se com seu coração. Ele está feliz! Feliz em pulsar com saúde, em fazer de você uma criatura melhor e mais realizada.

Você pode aprender a meditar. Seus primeiros passos são estes. Depois, você se aprofunda e experimenta seus próprios voos.

A paz é um lago sereno em que você pode mergulhar. Aventure-se!

CAPÍTULO 24

Em paz para o retorno

Aos poucos você vai crescendo em suas experiências humanas. Você – um ser espiritual em corpo físico – aprende a evoluir na Escola de Deus: a vida terrena.

Você sabe que ela é passageira, que é uma travessia, uma jornada. Que tudo é fugaz. A vida o mostra diariamente. Sabe, também, que haverá o *retorno*: temido por uns, aguardado por outros.

Retorno *temido* por quem treme diante dos próprios pecados, vendo a Deus como juiz e castigador. Temido por quem aprendeu a ter medo em lugar de amor, a não se sentir como filho, merecedor de perdão apesar de todos os deslizes. Temido por quem usa de forma arbitrária seu livre-arbítrio, fazendo escolhas descabidas, cruéis ou até mesmo desumanas. Mesmo assim, redimido pela cruz de Cristo.

Retorno *aguardado* por quem tem consciência histórica de que este dia virá por si só, sem precisar apurá-lo. Aguardado por quem, com serenidade e fé, sabe que "na casa do Pai há muitas moradas" (Jo 14,2) e que o Cristo Ressuscitado abriu um caminho seguro e luminoso para nossa volta. Aguardado por quem sente suas forças se extinguindo, consciente de que "combateu o bom combate, guardou a fé" (2Tm 4,7-8) e agora, confiantemente, espera o abraço do Pai, no dia em que Deus achar mais conveniente.

Refletir diariamente sobre o retorno é a melhor maneira de fazê-lo bem. Aumenta nossa paz interior na certeza de que o "depois" será melhor que o "agora"; de que nossa condição presente é limitada e que a nova condição será a plenitude; e de que nossos olhos verão o que jamais viram aqui e que um "novo céu e uma nova terra" se abrirão para nós (Ap 21,1-4).

Esta é a fé que eu vivencio. Partilhá-la com você me deixa muito feliz. Faço-o na esperança de que, um dia, todos nos reencontremos na Casa definitiva do Pai.

Enquanto peregrinos, caminhemos! Com nossas expectativas e tropeços, cansaços e desânimos, caminhemos! Pode ser perto, pode ser longe... O importante é prosseguir! Com fé, com amor, confiando nas promessas que o Pai nos fez através de Jesus.

Somos parceiros. Uns chegam antes, outros vêm logo depois. Todos chegam! É o retorno. O inevitável e feliz retorno à pátria de origem. Enfim, livres!

Rua Dona Inácia Uchoa, 62
04110-020 – São Paulo – SP (Brasil)
Tel.: (11) 2125-3500
http://www.paulinas.com.br – editora@paulinas.com.br
Telemarketing e SAC: 0800-7010081